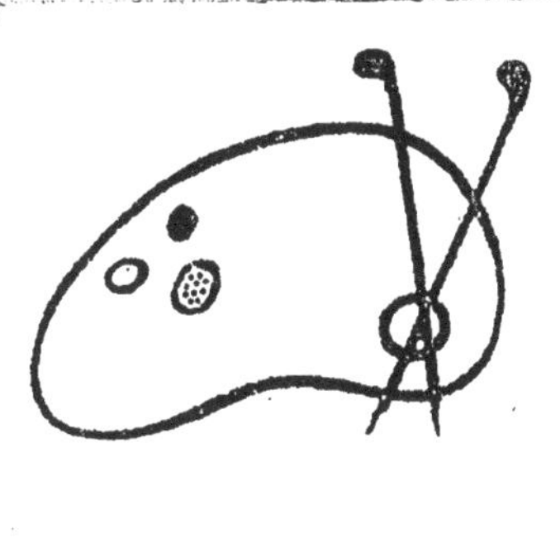

Début d'une série de documents
en couleur

COUVERTURE SUPERIEURE D'IMPRIMEUR.

Paris

à mon savant confrère Monsieur
L. Dubisé

[illegible]

1860.

Fin d'une série de documents
en couleur

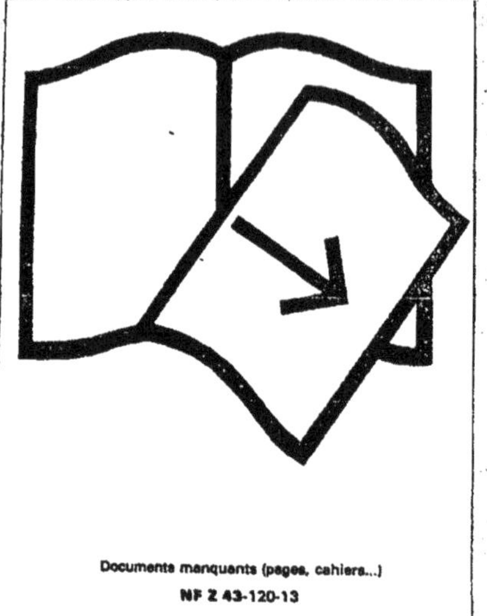

Documents manquants (pages, cahiers...)

NF Z 43-120-13

COUVERTURE INFERIEURE D'IMPRIMEUR.

# NOUVELLES RECHERCHES

SUR LA

# VIE DE FROISSART

ET SUR LES DATES

DE LA

# COMPOSITION DE SES CHRONIQUES

PAR M. PAULIN PARIS

DE L'INSTITUT



PARIS
LIBRAIRIE DE J. TECHENER
52, RUE DE L'ARBRE-SEC
PRÈS LA COLONNADE DU LOUVRE
1860

# NOUVELLES RECHERCHES

## SUR

# LA VIE DE FROISSART

## ET SUR LES

# DATES DE LA COMPOSITION DE SES CHRONIQUES (1).



Froissart a cela de commun avec Voltaire qu'il n'est pas toujours d'accord avec lui-même sur l'année de sa naissance. Au troisième livre de ses Histoires, il laisse entendre bien clairement qu'il vint au monde en 1333. *On me demandera*, dit-il, *dont telle chose me viennent à sçavoir, pour parler si proprement et si vivement. Je respondrai que grant cure et grant diligence je mis en mon temps pour le sçavoir, et sachiez que vers l'an de grace mil trois cens quatre-vins-et-dis, je y avois labouré trente-set ans, et à ce jour, j'avois d'aage cinquante-set ans.* Nous serions ainsi conduits à rapporter sa naissance à l'année 1333; en 1353, Froissart auroit eu vingt ans, âge auquel il avoit eu, nous le savons par lui-même, la première pensée d'écrire l'histoire contemporaine. On peut maintenant s'étonner de voir le dernier éditeur des Chroniques alléguer, pour contester ces dates, précisément le seul passage qui les justifie. De ce que Froissart dit qu'il avoit en 1390 cinquante-sept ans, M. Buchon conclut, en dépit de Barême, qu'il étoit né en 1337; et de ce qu'il avoit commencé ses histoires à l'âge de vingt ans, il tire la conséquence qu'il se mit à l'œuvre en 1360. Les méprises de ce genre déparent souvent, il faut en convenir, les travaux de M. Buchon, ce qui

(1) Ces *Recherches* ont été lues à l'Institut, dans l'assemblée trimestrielle des cinq Académies, le mercredi 4 janvier 1860.

n'empêche pas qu'il n'ait contribué à l'avancement des études historiques. Et sans doute il n'eût pas remis en lumière un aussi grand nombre de précieux documents, s'il avoit pris le temps de les publier avec plus d'exactitude.

Si non errasset fecerat ille minus.

Mais ici M. Buchon, malgré son calcul erroné, n'en a pas moins eu raison de suivre le sentiment de La Curne de Sainte-Palaye, sans égard au texte que je viens de citer; et de conclure du rapprochement de dix autres endroits de son histoire et de ses poésies, que Froissart était né quatre années plus tard, c'est-à-dire vers 1337. Comme mes recherches se trouvent sur ce point en parfait accord avec celles de La Curne, de M. de Barante et de M. Kervyn de Lettenhove, le dernier biographe de notre auteur, je puis me dispenser de citer les preuves à l'appui d'une opinion qui n'est pas controversée.

A Valenciennes appartient l'honneur d'avoir vu naître Jehan Froissart, et cette belle et noble ville a payé la dette de sa reconnoissance en décorant de son image en pierre une de ses places publiques. Mais, chose singulière! ce *maître* ou plutôt ce *messire* Jean Froissart, qui ne manque guère l'occasion de répéter qu'il est de Valenciennes, garde un silence absolu sur son père, sur sa mère, sur tous les membres de sa famille. Il est vrai qu'il mentionne avec une complaisance marquée la bravoure d'un certain moine Froissart, de l'abbaye de Saint-Amant, lequel *au siege de cette ville par les Haynuyers fist merveille et en occist ou mehaigna, au-devant d'un pertuis où il se tenoit, plus de dix-huit, si que nul n'osoit entrer par le lieu qu'il gardoit*. Mais il ne daigne pas nous apprendre si ce brave précurseur de Jean des Entomeures étoit ou non de sa parenté. Il nous parle aussi dans ses poésies, des jeux, des ébats et des études de son enfance, de ses voyages, de ses retours; mais de père ou de mère pas un mot; nous laissant ignorer ainsi s'il eut à se louer ou plaindre de ceux qui guidèrent ses premiers pas, quelle étoit leur profession dans la ville et combien de temps il avoit vécu sous leur tutelle.

Il y a dans cette réserve quelque chose de singulier, et l'on pourroit en conclure que dans ce temps où la situation de fils naturel étoit assez gaillardement acceptée, Jean Froissart n'étoit pas en possession de ce que nous appellerions un état civil parfaitement régulier. Mais on peut expliquer autrement la discrétion de Froissart. Peut-être, après avoir perdu ses parents fort jeune, ne s'étoit-il pas toujours bien entendu avec son tuteur : celui-ci, loin de favoriser son impatience de courir le monde à la suite des grands, auroit peut-être voulu le voir entrer dans un des grands corps de marchandise de la ville de Valenciennes, et le jeune homme, devenu majeur, se seroit empressé de recevoir *ses comptes de tutèle* pour suivre plus librement son inclination naturelle. Ce qui sembleroit donner une certaine force à cette conjecture, c'est que nous voyons Froissart se mettre en voyage dès les premiers jours de sa majorité, visiter l'Angleterre et paroître en assez bon point devant la reine Philippe de Hainaut, femme d'Édouard III. Or, pour agir ainsi, ne dut-il pas avoir à sa disposition soit le fonds, soit le revenu d'un petit patrimoine? Je m'arrête donc à cette explication: Froissart pourvu de quelque bien aura choisi tout de suite la profession de *ditteur* ou poëte et d'historien. Plus tard il nous laissera clairement entendre que les gens auxquels il étoit tenu avoient toujours désapprouvé sa résolution, et qu'ils n'avoient cessé de lui dire : « Sois marchand comme nous, ou fais-toi d'Église, comme tant d'autres, moins chargés de science. La marchandise t'enrichira, l'Église te donnera la tranquillité dans ce monde et le bonheur dans l'autre. » Mais Froissart avoit pour la marchandise une grande répugnance, et fort peu de vocation pour la profession religieuse et contemplative. Ce qu'il aimoit, c'étoit la vie libre, indépendante, aventureuse; le mouvement, les voyages, la conversation des chevaliers et des nobles dames; les récits de combats, de tournois et de fêtes; la lecture des romans, la composition des vers. Et quant à tout le reste, pour employer un lieu commun des trouvères,

Jà n'en donnast une pomme pourrie.

On le voit, je ne crois pas que Froissart avant l'âge de trente-trois ou trente-quatre ans ait fait partie de la milice ecclésiastique. Quelques actes et plusieurs comptes parlent constamment de lui comme d'un laïque, trois années même après la mort de sa protectrice, la reine d'Angleterre. Quand l'argentier du duc de Brabant écrit son nom sur le registre des gratifications de son maître, c'est un certain Froissart rimeur, tout court. Dans une lettre de remission accordée à certains malfaiteurs, Jean Froissart paroît au nombre des valots, écuyers et sergents qui s'étoient portés contre eux en armes. Ce n'est pas qu'alors la profession de clerc ou même de prêtre engageât autant que nous serions tentés de le croire aujourd'hui; car la discipline ecclésiastique est devenue d'autant plus austère et rigoureuse que le sentiment religieux a plus perdu de son empire. Cette sainte carrière présentoit un grand nombre d'avantages aujourd'hui perdus pour ceux qui s'y dévouent. Avec le bienveillant appui d'un grand seigneur ou d'un simple baron, le clerc obtenoit aisément un ou plusieurs bénéfices, une prébende, une cure, un prieuré. Comme chapelain, il avoit entrée, gîte, bouche et le reste dans un noble hôtel; et s'il joignoit à quelque instruction le goût de la poésie, il devenoit secrétaire, chroniqueur de la famille; il suivoit les fêtes, étoit admis aux banquets, et cela dans un rang ordinairement assez honorable. C'étoit donc une heureuse vie pour ceux dont un certain patrimoine n'assuroit pas l'indépendance; sauf le collier clérical dont pourtant, quelque lâche qu'il fût, on demeuroit attaché; et ce collier semble avoir effrayé longtemps maître Jean Froissart. Il pensoit qu'il valoit mieux changer à volonté de lieux et de *maîtres* (ainsi nomme-t-il tous ceux qui lui ont fait du bien), courir l'aventure et l'alternative des bons et mauvais gîtes, louer et chanter les dames, réclamer enfin une certaine part dans leur bienveillance. La société, pour être différente de ce qu'elle est aujourd'hui, n'étoit pas alors dépourvue de tout agrément et de toute politesse : les femmes y jouoient un rôle souvent décisif. Dans les tournois, fêtes qui souvent se prolongeoient pendant plusieurs semaines, et qui réunissoient tous les jeunes chevaliers d'une province ou même d'un royaume, elles formoient une sorte de haute cour souveraine; elles assistoient, mieux encore, elles présidoient aux combats et passes d'armes, recueilloient les suffrages, distribuoient les éloges et décernoient les prix. Dans l'intervalle des joutes et des banquets, elles régloient l'ordre des danses, des concerts d'instruments et de voix ; elles écoutoient les chants royaux, les rondeaux, virelais, sonnets et ballades ; tandis que les jongleurs, ces comédiens du temps, déclamoient ou plutôt jouoient pastorales et chansons de geste. Ainsi les hérauts d'armes, les jongleurs, les ménestrels et les trouvères étoient avec les dames l'âme de ces joyeuses, brillantes et splendides réunions. Comparez aux anciennes fêtes publiques ce que nous décorons aujourd'hui du même nom, et décidez à qui doit rester l'avantage sur ce point, du quatorzième siècle ou du dix-neuvième !

On entend volontiers Froissart parler de son amour des fêtes et des belles compagnies :

Trésque n'avoie que douze ans,
Estoie forment goulousant
De véoir danses et caroles,
D'oïr menestreus et paroles
Qui s'apartiennent à deduit ;
Et de ma nature introduit
D'amer par amours tous céaus
Qui aiment et chiens et oiseaux.
Et quand je fui mis à l'escole,
Où les ignorans on escole,

Il y avoit des pucelletes
Qui de mon tems erent jonettes.
Et je come elles jouvenceaus;
Si les servoie d'espinceaus,
Ou d'une pomme ou d'une poire,
Ou d'un seul anelet de voire;
Et lors devisoie à par mi :
Quant dont vendra le temps, por mi
Que par amours porai amer!
L'en ne me doit mie blasmer....
Si, passoie ensi mon jouvent.

Il s'abandonne avec une grâce charmante au souvenir de ses premiers jeux, à peu près les mêmes qu'aujourd'hui ceux des enfants de la campagne, jeux dont le souvenir commence la longue série des regrets de l'âge mur. Pendant les jours de pluie, aussi fréquents à Valenciennes que nulle autre part, il alloit mettre des digues à l'écoulement des eaux, dans les rues; ou bien il faisoit des poulettes en papier, trempoit dans l'eau son chaperon, sa cotte et sa chemise; lançoit des plumes au vent, remplissoit curieusement son giron de petits cailloux, alloit couper des épis pour en faire des pipeaux, poursuivoit les papillons,

Et quant attraper les pooie
D'un fileçon je les lioie,
Et puis si les laissoie aler,
Ou je les faisoie voler.

Au lieu de jouer aux échecs ou aux dames, l'enfant pétrissoit des gâteaux, des flaons, des tartelettes en terre, qu'il faisoit cuire entre quatre tuillots transformés en four. Il jouoit à pince-merine, sorte de *main-chaude*, que Rabelais nomme *pince-morille*, à la *queue leu-leu*, aux *pierrettes*, au *pince-sans-rire*, au cheval de bois, aux barres, à l'avoine, à cache-cache, au deviner, à saute-mulet, à la climusette, à piquer les pieux, à la toupie, à la potée de noix, et à vingt autres jeux que la tradition puérile a sans doute également conservés et que les changements de nom ne permettent plus de reconnoître.

Mais il fallut bientôt laisser là tous ces premiers et charmants plaisirs, pour commencer de sérieuses estudes :

Car on me fist latin apprendre,
Et se je varioie au rendre
Mes liçons, j'estoie batus.

En revanche, ce que le maître lui donnoit, il ne tardoit guère à le rendre aux autres :

Non pourquant en sus de mon maistre,
Je ne pooie à respos estre;
Car aux enfans me combatoie,
J'ere batus et je batoie;
Lors estoie si desréés
Que souvent mes dras deschirés
Je m'en retournoie en maison.
Là estoie mis à raison,
Mais pour ce jà mains n'en feisse.

Cette passion des bruyants exercices n'empêchoit pas le jouvenceau de se complaire à la lecture des récits d'aventure et d'amour. Mais hâtons-nous de le dire; le joli mot d'amour avoit, de son temps, une acception bien plus étendue que du nôtre. Ce n'étoit pas précisément le sentiment dont il est peu de personnes, même ici, qui n'ait au moins entendu parler; mais tout ce qui rentroit dans le domaine du savoir-vivre et de la courtoisie. Être *amoureux*, c'étoit être aimable, avoir le goût du monde et de tous les honnêtes plaisirs, tels que le chant, les vers, les entretiens agréables, les bonnes façons de paroître dans les tournois, dans les concours poétiques, dans les réunions polies. Voilà comment la première loi du savoir-vivre recommandée aux jeunes gens, aux bacheliers, étoit d'être amoureux et joli, c'est-à-dire courtois et enjoué. C'est là, je crois, un précepte dont le fond n'a guère moins changé que la forme, et qui ne tient pas grande place dans nos programmes d'éducation. Il y a dans la littérature provençale un traité de grammaire enseignant la façon de bien parler et de faire des vers en toutes mesures ; le livre est intitulé : *Ley d'amor*, ce qui signifie exactement *Théorie de l'art de plaire et d'être aimable*. Je doute que le bon Lhomond lui même se fût jamais avisé de donner à son fameux rudiment un pareil titre.

« Quand, dit Froissart, arrivoit le temps d'hiver, qui ne me « laissoit plus le choix des ébats, mon plaisir étoit de lire ro- « mans et traités amoureux. C'est à ce goût des livres d'amour « que je dois tout ce que j'ai valu et fait de bien. Ils m'ont in- « spiré la première pensée de la grande œuvre que j'ai commen- « cée et qui m'a déjà fait obtenir l'estime des plus hautes gens « du monde. » Froissart dit cela en assez méchants vers; mais ces vers ont le mérite de nous apprendre qu'il connoissoit le prix de ses chroniques, car c'est bien d'elles qu'il veut ici parler.

Dans ce même poëme de l'*Espinette amoureuse* il place une fiction vraiment digne de l'auteur du *Roman de la Rose*. Comme un jour le jeune Jehan s'étoit endormi à l'ombre d'une aubépine fleurie, voilà que devant lui se présentent les trois dames qui

D'armes, d'amour et de richesses
Sont les primeraines déesses.

Junon, Pallas et Vénus étoient accompagnées de Mercurius ; et le dieu se chargea d'inviter Jehan à vouloir bien examiner en dernier ressort le fameux jugement autrefois rendu sur le mont Ida par le fils de Priam. Jehan, troublé et confus, s'en défendit quelque temps, mais enfin il fallut souscrire à ce qu'on lui demandoit, il déclara que le jugement ne devoit pas être réformé. Car, ajouta-t-il, Paris, étant fils de roi, n'avoit pas besoin des richesses de Junon ; son cœur, naturellement généreux, pouvoit se passer des dons de Pallas; Vénus seule pouvoit lui donner la plus belle, la plus gracieuse amie. Mercurius eût pu répondre au jeune citoyen de Valenciennes que lui n'étoit pas fils de roi, et que son cœur, tout vaillant qu'il fût, pourroit encore, grâce à Pallas, devenir plus intrépide ; mais le dieu aima mieux ne pas insister et se retirer avec les deux déesses vivement désappointées. Pour dame Vénus, demeurée seule avec le jeune homme, elle ne voulut pas se montrer ingrate. Elle promit de le traiter mieux encore que le berger troyen, en le rendant lui-même amoureux et joli :

Vis tant que pues, d'ore en avant,
Mais tu auras tout ton vivant
Cuer gai, joli et amoreus ;
Tenir t'en dois pour éureus;
Car mieux te vaudra-il avoir
Plaisance au cuer que grant avoir.
Avoir se pert et joye dure.

Et Vénus tint fidèlement sa promesse. Froissart passa la plus grande partie de sa vie, exempt d'ennui, de tristesse et de passions mauvaises. Il vit le monde avec le discernement d'un voyageur qui détourne les yeux de ce qui peut blesser sa délicatesse, et qui réserve son attention, sa curiosité, pour les objets agréables et dignes de mémoire. Il se rend ici le témoignage que devoit confirmer la postérité.

Assurément, il est bon d'emprunter aux poésies de Froissart des indications de ce genre, qui font mieux connoître son caractère et ses dispositions naturelles. Mais il ne faut pas leur demander davantage, et, sur la foi d'une pure fiction poétique, surcharger l'histoire réelle de sa vie d'incidents tout à fait imaginaires. C'est un écueil que les précédents biographes n'ont pas évité. En composant d'assez longs poëmes entremêlés de rondeaux et ballades, lais et virelais, Froissart suivoit un usage alors consacré. Après avoir composé pour son propre compte ou pour celui des autres tant de petites pièces chantées ou déclamées dans les fêtes, dans les palinods ou dans les grandes assemblées des cours, le trouvère en tiroit alors un dernier parti en les groupant dans une fable de son invention. C'étoit ordinairement le récit d'un amour plus ou moins partagé par une maîtresse plus ou moins réelle. La première entrevue, le premier aveu, les querelles, les absences, les retours, tout cela permettoit d'employer les anciennes pièces inspirées par des sentiments et des situations analogues. Il y a dans l'œuvre poétique de Froissart trois ouvrages de ce genre : le *Meliador*, dans lequel il intercala toutes les chansons du duc Wenceslas de Brabant, un de ses maîtres (on ne l'a pas encore retrouvé); l'*Espinette amoureuse*, composée en 1373, peu de temps après son entrée dans les ordres; enfin le *Joli buisson de Jonesce*, dans lequel, avant de renoncer à la gaie science, le curé de Lessines rassemble les derniers rondeaux, lais et virelais qui lui avoient été commandés.

Dans l'*Espinette amoureuse*, Froissart se présentoit comme épris d'une gracieuse demoiselle dont les rigueurs avoient fini par lui causer une fièvre dévorante. A peine convalescent, il avoit pris la résolution de courir le monde pour voir si l'absence ne produiroit pas ce que la présence n'avoit pu faire. En pleine mer, l'amant profitoit d'un orage terrible pour composer un interminable lai : il arrivoit enfin en Angleterre ; mais en dépit de tous les plaisirs qui s'offroient alors à lui, il s'empressoit de revenir dans le pays embelli par la présence de la dame de ses pensées. Il revoyoit sa maîtresse dans un bal, puis dans un délicieux jardin. Mais en cet endroit, la série des pièces qu'il vouloit employer se trouvant épuisée, il ne nous disoit pas comment avoit fini cette belle passion.

Or si la reine d'Angleterre avoit pu lire ce poëme de l'*Espinette amoureuse*, elle auroit sans doute félicité le gentil trouvère de la façon dont il avoit su tirer parti des chants qu'elle connoissoit déjà ; mais elle ne se seroit pas avisée de croire à la réalité de cet amour poétique qui ne l'avoit pas empêché de rester cinq ans à sa cour, et de voyager en Italie, en Guyenne, en Bretagne, aussitôt après son retour en France.

Les bibliographes de Froissart ont pris au sérieux cette fiction de l'*Espinette amoureuse*. Ils ont admis la violente passion, la grande maladie et les motifs d'absence; ils ont admiré l'intrépidité du futur historien au milieu d'une tempête sur mer; et comme le séjour du poëte en Angleterre s'accordoit assez mal avec toutes ces données, ils ont supposé un premier voyage et un retour précipité : ce qui ne pouvoit justifier la donnée poétique qu'en contredisant le propre témoignage de l'historien, plusieurs fois répété dans le cours des Chroniques. Le dernier historien de Froissart a même été plus loin. Afin de donner une plus grande place à cet amour chimérique, il a soutenu que Froissart n'avoit jamais présenté que de petits vers à la reine d'Angleterre, et que la première rédaction de ses Chroniques devoit être reculée jusqu'en 1373, quand l'auteur étoit déjà curé de Lessines. Voilà comment une première méprise peut fausser le meilleur jugement. La réfutation de cette assertion se trouve dans le second alinéa qui sert de frontispice à la dernière et définitive rédaction de Froissart. Le voici :

« Voirs est que je qui ay empris ce livre, ay, par plaisance « qui à ce m'a tousjours encliné, frequenté plusieurs nobles et « grans seigneurs tant en France comme en Angleterre, en « Escoce et en autres pays, et ay eu la cognoissance d'eulx. Si « ay tousjours à mon pouvoir justement enquis et demandé « du fait des guerres et des avantures qui en sont avenues, « et par especial depuis la grosse bataille de Poictiers où le « noble roy Jehan de France fut pris; car devant ce, j'estoie « encore moult jeune de sens et d'aage. Non obstant, si « en pris-je assez hardement, moy issu de l'escole (1), à ri- « mer et à dittier les guerres dessus dites et pour porter en

(1) Je crois que la phrase seroit plus correcte s'il y avoit : *en pri-je assez hardement*.... pour *rimer et dictier*.... et *pour porter*.... *Hardement* est substantif, non adverbe. L'adverbe seroit *hardiement*.

« Angleterre le livre tout compilé, si comme je fis, et le pre-
« sentai adoncques à treshaulte et tresnoble dame madame
« Phelipe de Hainaut, royne d'Angleterre, qui liement le
« receut de moy et m'en fit grant prouffit. »

Suivant M. Kervyn de Lettenhove, par ces mots : *Je empris, moy issus de l'escole, à rimer et à dittier les guerres*, il ne faut entendre qu'un recueil de poésies tout au plus historiques; le mot *dittier* n'ayant jamais, dans notre auteur, un autre sens que celui de *rimer, versifier*. Ici M. Kervyn ne s'est pas souvenu des Chroniques qu'il connoissoit d'ailleurs si bien. L'expression dittier des histoires s'y retrouve plus de dix fois : *Je qui ay dittié ceste histoire* (t. II, p. 447). *Je qui ay dittié ceste histoire, fui à Lescluse.... pour les seigneurs veoir et apprendre des nouvelles* (t. II, p. 531). *Et en ce temps, je, sire Jehan Froissart qui me suis ensoigné et occupé de dittier et escrire ceste histoire* (t. II, p. 688). Etc L'observation de M. Kervyn de Lettenhove tombe donc d'elle-même, et il reste démontré qu'une première rédaction des Chroniques comprenant les années 1356 à 1360, fut faite et présentée à la reine Philippe en 1360 ou 1361, époque du premier voyage de Froissart en Angleterre.

Voyons maintenant, dans le paragraphe suivant, la preuve que cette première rédaction n'est pas celle que nous possédons aujourd'hui, et comment elle fut corrigée et refaite :

« Or puet estre que ce livre (présenté à la Reine) n'est mie
« examiné ne ordonné si justement que telle chose requiert.
« Car fais d'armes qui si chierement sont comparez doivent
« estre donnez et loyalement departis à ceus qui par prouesse
« y travaillent. Dont, pour moy acquiter envers tous, ainsi
« que droit est, j'ay empris ceste histoire à poursuir, sur l'or-
« donance et fondacion devant dicte, à la priere et requeste
« d'un mien chier seigneur et maistre, monseigneur Robert
« de Namur, seigneur de Beaufort, à qui je vueil devoir

« amour et obeissance, et Dieu me laist faire chose qui lui
« puist plaire ! »

Il étoit, je crois, assez difficile de dire plus clairement qu'après avoir fait dans sa jeunesse une première rédaction de l'histoire des cinq années qui suivirent la funeste bataille de Poitiers, il avoit reconnu plus tard les lacunes et les imperfections de ce premier travail, et qu'il le remanioit, à la prière et avec les secours pécuniaires de Robert de Namur. Mais Froissart ne s'étoit pas alors contenté de corriger son premier manuscrit, il avoit été conduit à reprendre l'histoire de plus haut que la bataille de Poitiers, avec le secours d'une autre Chronique un peu plus ancienne : celle de Jean le Bel. Écoutons-le :

« On dist, et voirs est, que tous edifices sont ouvrez et ma-
« çonnez l'une pierre après l'autre ; et toutes grosses rivieres
« sont faites et assemblées de pluseurs ruisseaus et fon-
« taines : aussi sont les sciences estraites et compilées de
« pluseurs clers, et ce que l'un ne scet, l'autre scet, et riens
« n'est qui ne soit sceu ou loing ou près. Dont aussy, pour
« attaindre à la matiere que j'ai emprise de commencier, je
« me vueil maintenant fonder et ordonner sur les vrayes
« croniques jadis faites et assemblées par venerable homme
« et discret monseigneur Jehan le Bel, chanoine de Saint-
« Lambert de Liege, qui grant cure et grand diligence mist
« en ceste matiere, et la continua tout son vivant au plus juste-
« ment qu'il pot, et moult lui cousta à l'acquerre et à l'avoir ;
« mais quelx freis qu'il i mist, point ne les plaigny, car il estoit
« riche et puissant, si les povoit bien porter, et de soy mesme
« large, honourable, courtois et qui voulentiers voyoit le sien
« despendre. »

Si nous joignons aux lumières que vient de nous fournir le prologue du premier livre, celles que nous allons devoir au préambule du quatrième, nous aurons le secret de toute la composition des Chroniques de Froissart. Ainsi nous savons déjà que l'auteur avoit, jeune encore, présenté à la reine d'Angleterre, le premier récit des événements, à partir de la bataille de Poitiers, — que dans sa vieillesse, il avoit, d'après les conseils de Jean de Namur, fondu ce premier récit dans une nouvelle rédaction, prenant l'histoire trente années plus haut, à l'aide des Chroniques de Jean le Bel. Mais avant de refaire cette seconde rédaction de la première partie, Froissart avoit continué la première rédaction sous les auspices de Guy de Chastillon, comte de Blois; et c'est là ce qu'il va nous dire en excellents termes dans le préambule du quatrième et dernier livre.

« A la requeste, contemplacion et plaisance de treshault « et noble prince mon treschier seigneur et maistre Guy de « Chastillon, comte de Blois.... Je Jehan Froissart, prestre « et chapelain de mon treschier seigneur, et pour le temps « tresorier et chanoine de Chymay et de Lille, me sui de « nouvel resveillé et entré dans ma forge pour ouvrer et for- « ger en la haute et noble matiere de laquelle ou temps passé « je me suis ensoigné.... Or considerez entre vous qui le li- « sez coment je puis avoir sceu ne rassemblé tant de faits « desquels je traite. Et, pour vous informer de la verité, je « commençai jeune, dès l'aage de vint ans : et si, sui venu « au monde avec les fais et les avenues, et si y ai tousjours « pris grant plaisance plus que à aultre chose; et Dieu m'a « donné tant de grace que je ai esté bien de toutes les parties « et des hostels des rois. Et par especial, de l'hostel du roy « Edouart d'Angleterre, et de la noble royne sa femme, ma- « dame Phelippe de Hainaut, royne d'Angleterre, dame d'Ir- « lande et d'Aquitaine, de laquelle en ma jonesce je fui clerc, « et la servois de biaus dittiez et traitiez amoureus. Et « pour l'amour du service à la vaillant dame à cui j'estoie, « tous autres seigneurs, rois, ducs, contes, barons et cheva- « liers, de quelques nacion que ils fuissent, me amoient et

« oyoient et véoient voulentiers et me faisoient grant prouffit.
« Ainsi, au titre de la bonne dame et à ses coustaiges, et
« aus coustaiges des haus seigneurs de mon temps, je cher-
« chay la plus grant partie de la crestienté; et par tout où je
« venoie, je faisoie enqueste aus anciens chevaliers et escuyers
« qui avoient esté es fais d'armes et qui proprement en
« sçavoient parler, et aussi à aucuns heraus de credence,
« pour justifier et verifier toutes matieres. Ainsy ai-je ras-
« semblé la grant et noble histoire et matiere, et le gentil
« comte de Blois y a rendu grant peine. Tant com je viveray
« par la grace de Dieu, je la continueray : car com plus y sui,
« plus y laboure, et plus me plaist. Car ainsi comme le gen-
« til chevalier et escuyer qui aime les armes, et en perseve-
« rant s'y nourrit parfait, ensi, en labourant et ouvrant sur
« cette matiere, je m'habilite et delite. »

Quand Froissart s'étoit mis à l'œuvre, en 1357 ou 1358, l'Europe étoit encore sous l'impression de la grande bataille de Poitiers. Édouard III, roi d'Angleterre, avoit épousé la fille du comte de Haynaut, et cette province inféodée en partie à la France, et en partie à l'Empire, s'étoit partagée assez également entre la cause de Jean de France et celle d'Édouard d'Angleterre. A vrai dire, Froissart n'avoit pas ce que nous appellerions aujourd'hui une opinion politique, et sans doute il comprenoit que l'on suivît honorablement sous l'une ou l'autre bannière. Je crois qu'il aimoit mieux la nation françoise, mais il avoit plus d'inclination pour la famille royale d'Angleterre. Voilà comment il eut tout de suite la pensée de présenter à la cour de Windsor le récit qu'il vouloit écrire en 1357, des grands événements contemporains si glorieux pour l'Angleterre. Et quand le livre fut achevé, mis en lettres de forme, serré dans une belle couverture de velours à clous dorés, il partit de Valenciennes, traversa Saint-Omer et s'embarqua à Calais. Il demeura cinq ans en Angleterre où la reine le retint à son hôtel avec le titre de son diteur et historien. Tous les barons d'Angleterre se plurent alors à le mieux informer des précédentes aventures ; la Reine surtout l'encourageoit à visiter les lieux que de récents faits d'armes recommandoient à son attention. C'est ainsi qu'il parcourut l'Écosse, qu'il visita les Douglas, les Bruce et les Melrose, et qu'il se prépara à nous entretenir plus tard des grandes familles et des principales villes de l'Écosse. De notre temps, Walter Scott s'étoit pris de passion pour notre historien françois ; et il a tant cité Froissart dans les notes de tous ses poëmes, qu'enfin il a donné aux François l'envie de le relire à leur tour. Sans Walter Scott il est probable que M. Buchon n'eût pas songé à préparer l'édition qui est encore, à l'instant où nous parlons, la seule qu'on puisse lire de la plus belle chronique du moyen âge (1).

Froissart, à peine de retour de ses voyages d'Écosse, prit congé de la reine et revint en France, mais avec la promesse du retour en Angleterre quand le second volume seroit en état d'être présenté à la même princesse. On étoit au mois de mars 1366. Froissart ne paroît pas avoir alors un instant songé à reprendre la vie tranquille de Valenciennes ; on peut seulement conjecturer qu'il s'arrêta quelques jours dans sa ville natale, par un compté de l'argentier du duc de Brabant, qui du moins atteste son passage à Bruxelles : « Six moutons à un Froissart, ditteur, attaché à la reine d'Angleterre. *Uni Frissardo dictori, qui est cum regina Angliæ, sex muttones.*

De Bruxelles on le suit peu de temps après à Bordeaux, dans l'hôtel du prince de Galles quand, à la tête d'une nombreuse armée, ce prince se disposoit à passer en Espagne. Froissart eût bien voulu l'accompagner, pour être témoin des faits d'armes qu'il devoit raconter plus tard ; le prince aima mieux le charger d'un message pour le roi son père, et le renvoyer en Angleterre

(1) Nous apprenons avec bonheur que l'édition préparée avec tant de soin par M. Léon Lacabane, directeur et professeur de l'École des chartes, doit être mise sous presse avant la fin de ce mois, et que le travail du savant éditeur est, au moment où nous écrivons, à la disposition de la *Société de l'histoire de France.*

où bientôt une nouvelle occasion se présenta pour lui de voir et d'enquerre. Le second fils d'Édouard, Lionel, comte de Clarence, alloit se rendre à Milan, pour y épouser la jeune Yoland Visconti, fille du duc Galeas : Froissart fut retenu à l'hôtel du jeune prince ; il repassa la mer avec lui, fut témoin des fêtes qu'on lui donna à Paris, le suivit à Gênes, à Milan, à Florence, à Rome, fut alors présenté au comte de Savoie, au duc de Milan, au roi de Chypre, à l'empereur de Constantinople. et revenoit comblé de présents, le cœur rempli de tous les beaux chapitres qu'il alloit ajouter à sa grande histoire, quand une triste nouvelle vint anéantir ses plus chères espérances. Il n'avoit plus de protectrice : la reine Philippe, à laquelle il destinoit le fruit de ses travaux, étoit morte le 14 août 1369, regrettée de toute l'Angleterre, regrettée surtout par celui dont elle avoit si bien reconnu le mérite.

Cet événement rendoit la position de Froissart très-critique. Le voyage d'Italie étoit terminé ; le duc de Clarence donnoit congé à tous ceux qu'il avoit choisis pour l'accompagner, il ne restoit à notre clerc d'autre ressource que de revenir en Hainaut, y rassembler ce qui pouvoit lui rester de patrimoine, et chercher à reprendre dans la ville une profession qui lui donnât rang dans la bourgeoisie. Il se fit inscrire dans le corps des marchands. Dans les grandes villes de Flandre, comme dans les républiques italiennes, les professions mercantiles n'étoient guère moins honorables qu'en France l'exercice des armes. On sait que l'auteur de la *Divine comédie*, Dante, étoit inscrit à Florence dans la corporation des apothicaires ; Froissart, à Valenciennes, se fit admettre dans celle des *couletiers*. Il y avoit alors dans cette ville, apparemment comme à Bruges, quatre grands corps de métiers, les couletiers, les verriers, les bouchers et les poissonniers. Qu'étoit-ce que les couletiers ? Des drapiers, je suppose, bien que le nom désignât plus exactement des tailleurs de jupes et de hauts-de-chausses. Froissart ne fut pas seulement inscrit, il travailla quelque temps lui-même dans ce genre d'industrie. Le fait a paru si surprenant qu'aucun des précédents biographes de Froissart n'a osé l'approfondir; cependant on ne peut refuser de l'en croire lui-même, quand il le confesse avec un véritable sentiment de regret. C'est dans le joli préambule du *Buisson de Jonesce*, poëme fait en 1373, moins de quatre années après la mort de la reine Philippe :

Las! mieux vaut science qu'argent!
Mais point nel semble aus pluseurs gens,
Qui ne savent que bien fais monte.
Ainçois me le comptoient pour honte....
Or pris aillors ma calandise,
Si me mis en la marchandise,
Où je sui aussi bien taillié
Que d'entrer en une bataille
Où je me trouveroie envis.

Ici le poëte donne audience à la voix intérieure qui lui représente tout ce qu'il a perdu en renonçant à sa véritable vocation :

Se tu es ables et propices
D'aucun art, et celui guerpisses,
Envers ta nature mesprens,
Se tu l'as fait, or te repens.
Néis! que diront li Seigneur
Dont tu as tant eù du leur,
Li roi, li duc et li bon conte,
Dont tu ne sçais mie le conte!...
Se Dieu vosist, il t'éust fait
Un laboureur grant et parfait,
A une contenance estrange;
Ou un batteur en une grange:
Mais il t'a donné la science,
De quoy tu pues en conscience
Louer Dieu et servir le monde;

Or fai donc tost, et si le monde;
Et respons, sans plus *colyer*,
Qui te fait merencolier.

*Colyer*, c'est-à-dire je pense, draper, exercer le métier de *couletier*. Un peu plus loin, il hésite à quitter sa profession en avouant que les marchands, les *couletiers* sont mieux venus auprès des grands seigneurs que les savants et les poëtes.

Au reste, le préambule poétique qui nous révèle cette circonstance intéressante de la vie de Froissart, nous apprend aussi qu'il revint bien vite à ses études historiques. C'est alors apparemment que, pour avoir les moyens de s'y consacrer entièrement, il demanda et reçut les ordres. Une fois tonsuré, sous-diacre et même diacre, il rencontra facilement parmi tous les personnages au milieu desquels il avoit jadis vécu, des donneurs de bénéfices qui se disputèrent le plaisir de lui être agréables. Il obtint la cure de Lessines, près de Mons, un canonicat à Chimay, la promesse d'un second canonicat à Lille, plus important que le premier (1). Il touchoit pension de Venceslas de Bohême, duc de Brabant; il avoit part aux grandes libéralités de Guy de Châtillon, comte de Blois. Ce fut le comte de Blois, comme nous avons vu, qui le décida à reprendre les Chroniques au point où il les avoit conduites, c'est-à-dire à partir de l'année 1369, date de la mort de la reine Philippe et de son retour en Hainaut.

Ce deuxième protecteur lui manqua vers l'année 1390. Ce Guy de Châtillon, impotent, ruiné, avili par la cession qu'il avoit faite de ses comtés de Blois et de Dunois au jeune duc d'Orléans, frère de Charles VI, ne pouvoit plus songer à Froissart ni à ses Chroniques. Le curé de Lessines avoit trouvé un plus sûr patron dans Robert de Namur, oncle de la comtesse de Blois. C'est aux encouragements et aux conseils de Robert

(1) Il ne paroît pas avoir jamais touché les revenus de ce deuxième canonicat; il se dit, dans les deux manuscrits de ses poëmes, « chanoine de Lille *en herbes*. » — Voy. aussi sur ce point le joli dit du *Florin*.

de Namur que nous devons, sinon la Chronique des dernières années du quatorzième siècle, au moins le grand remaniement de la première partie. En se fondant sur le livre de Jean le Bel, qui embrassoit l'histoire du commencement de la grande guerre, de 1326 à 1355 et même au delà, Froissart rendit le récit plus net, plus coloré, plus exact; il y ajouta, il y retrancha, il discuta même parfois les faits qu'il ne pouvoit admettre, tels que les dernières circonstances de la folle passion d'Édouard pour la belle et sage comtesse de Salisbury. Pour se rendre compte des remaniements de Froissart, on peut consulter la curieuse publication d'une partie de la Chronique originale de Jean le Bel, heureusement retrouvée par le savant archiviste, directeur de l'Université de Liége, M. L. Polain.

On avoit pensé reconnoître la première rédaction du premier livre de Froissart dans quelques leçons qui présentoient effectivement de nombreuses différences avec la rédaction définitive et consacrée. M. Buchon avoit, à ce titre, signalé un manuscrit de la bibliothèque de Valenciennes, tandis que le docteur Rigollot, mort correspondant de l'Académie des inscriptions, croyoit pouvoir attribuer une certaine antériorité au manuscrit de la bibliothèque d'Amiens. Un examen approfondi ne justifie pas cette double allégation.

Dans la leçon de Valenciennes, publiée par M. Buchon, le titre de *prêtre* que prend Froissart, les allusions à la mort de la reine d'Angleterre, en 1369, et à celle du prince de Galles, en 1373, ne permettent pas d'admettre que l'œuvre ait été présentée à la reine d'Angleterre en 1360. Tout au plus seroit-il permis d'y voir un premier essai de la seconde rédaction, qui, dans tous les cas, ne pourroit remonter plus haut que l'année 1374.

Les différences importantes et nombreuses que présente le manuscrit d'Amiens s'expliquent naturellement, sans avoir besoin de les attribuer à une antériorité de rédaction. Froissart, devenu curé de Lessines, et déjà bien connu pour l'auteur des Chroniques de France et d'Angleterre, recevoit souvent la demande d'une nouvelle transcription de son ouvrage. Il convenoit alors du prix, tant pour le texte, tant pour le vélin, tant pour les ornements. Et comme il ne s'écouloit pas d'année qu'on ne lui adressât de vive voix ou autrement des observations sur le degré plus ou moins grand d'exactitude de ses récits, il est naturel de penser qu'il faisoit son profit de ces observations, quand on exécutoit sous ses yeux un nouvel exemplaire. La leçon d'Amiens est assurément une de ces leçons particulières; mais on n'en peut rien conclure pour sa date précise, bien que tout semble porter à croire que cette date soit postérieure à celle de la rédaction consacrée.

Il seroit assez inutile de chercher la preuve de ces envois successifs d'exemplaires ; elle se retrouve pourtant dans les Comptes de la maison du duc de Brabant, à Bruxelles, et du duc de Berry, frère de Charles V, à Bourges. Un autre de ces envois, qui n'arriva pas à sa destination, va nous arrêter un instant. En 1381, Louis, duc d'Anjou, alors régent de France pendant la minorité de Charles VI, fit saisir cinquante-six cahiers des Chroniques qu'on devoit adresser au roi d'Angleterre. Voici le texte du journal de Jean Lefèvre, évêque de Chartres, qui nous a révélé ce fait :

« Ledit jour (11 décembre 1381) furent scellées deux lettres « doubles, faisant mention que Monseigneur le duc a fait pren- « dre et retenir par devers lui, pour faire sa volonté, cin- « quante-six caiers que messire Jehan Froissart, prestre rec- « teur de l'Église parrochiale de Lessines au Mont, près de Mons « en Hainault, avoit fait escrire ; faisant mention de plusieurs « et diverses batailles et besoignes en fait d'armes, faites au « royaume de France, le temps passé. Lesquels cinquante-six « caiers de romans ou croniques messire Jehan avoit envoyés « pour enluminer, à Guillaume de Bailly, enlumineur, et les- « quels ledit messire Jehan propousoit envoyer au roy d'An- « gleterre, adversaire. »

*Cela*, dit le Labourner qui, le premier, dans son édition de la Chronique de Juvénal des Ursins, a rapporté ce passage, *cela fait voir que Froissart n'est pas accusé sans raison d'avoir été plus enclin au parti du roy d'Angleterre qu'à celui de la France.*

Cela ne nous semble rien prouver de pareil, et le duc d'Anjou eût été bien surpris des conséquences que l'on tiroit de la saisie ordonnée à son profit. Ce prince, grand amateur de curiosités de tous les genres, et fort peu scrupuleux sur les moyens de les acquérir, profitoit simplement de l'occasion qui lui étoit offerte de s'emparer d'un beau livre enluminé. Il l'estimoit de bonne prise, comme propriété de l'adversaire; mais les cahiers n'eussent contenu que le roman de la Rose ou la sainte Bible, qu'ils n'en eussent pas moins été confisqués. Remarquons à ce propos, à l'honneur de l'ancien art parisien, dont la célébrité étoit dès lors fort grande, même en Italie, comme on en peut juger par le fameux vers de Dante :

> .... Quell' arte
> Che *alluminar* è chiamata in Parisi.
> (*Purgatoire*, c. XI.)

que Froissart, pour orner un volume destiné au grand roi d'Angleterre, s'adresse à Guillaume de Bailly, enlumineur parisien; d'où l'on peut conclure qu'il n'espéroit pas trouver un artiste aussi habile dans ces provinces de Flandre, de Brabant et de Hainaut, si fécondes un peu plus tard en grands artistes du même genre.

Ainsi, pour résumer cette nouvelle étude :

1. Froissart, né en 1337 et mort dans les premières années du quinzième siècle, offrit la première rédaction de ses Chroniques, vers 1360, à la reine d'Angleterre. Ce premier travail, embrassant l'histoire des quatre ou cinq années précédentes, n'a pas été retrouvé.

2. Froissart continua cette première partie de ses Histoires jusqu'en 1369, date de la mort de la reine Philippe.

3. Après une interruption de quelques années, il répondit aux vœux de Guy de Châtillon, comte de Blois, et conduisit le récit jusqu'en 1390.

4. Enfin, sous les auspices et avec les encouragements de Robert de Namur, seigneur de Beaumont, en Hainaut, il termina l'histoire des dernières années du quatorzième siècle, revit le texte du manuscrit autrefois présenté à la reine d'Angleterre, le refit, en y ajoutant, d'après la Chronique de Jean le Bel, l'histoire des années 1326 à 1356, qu'il n'avoit pas jusqu'alors abordée.

Ainsi le premier livre des Chroniques, contenant aujourd'hui la seconde rédaction et la reproduction modifiée de Jean le Bel, est le moins ancien et le dernier travail de Jean Froissart. En même temps, on peut le regarder sinon comme le plus attrayant, au moins comme le plus exact et le plus complet des quatre livres.

Quelques mots encore avant de finir. Quand de nos jours on veut écrire l'histoire contemporaine, on n'a pas rigoureusement besoin de quitter son cabinet. Pour l'acquit d'une conscience ordinaire d'historien, il suffit de se munir de la collection du *Moniteur universel*, d'y joindre trois journaux de couleur différente, quelques pamphlets et notices nécrologiques. On a de cette manière à sa disposition l'art de vérifier toutes les dates et l'art d'écrire exactement tous les noms de lieux et de personnes; on a, sur tous les hommes et sur toutes les choses, plusieurs opinions entre lesquelles il ne reste plus qu'à choisir la sienne, et l'histoire se trouve faite, pour ainsi dire, d'elle-même.

Mais messire Jean Froissart composa son histoire dans des conditions toutes différentes. Simple bourgeois d'une ville de Hainaut, il n'avoit pas d'archives à sa disposition, il n'avoit pas pour le guider la collection du *Moniteur*, des mémoires secrets ou des relations particulières. Il lui falloit tout tirer du trésor de sa mémoire, de ses enquêtes et reconnoissances personnelles. Comment s'étonner qu'il soit parfois inexact sur la véritable forme des noms, sur la date des événements et sur les événements eux-mêmes ? C'est là pourtant le grand reproche qu'on ne cesse de lui adresser, sans considérer que pour avoir tant de fois rencontré juste, sur des points délicats et difficiles à constater, il a dû se donner de grandes peines et se livrer à des recherches infinies. Toute sa vie ne fut qu'un voyage. Dès l'âge de vingt ans il commença d'enquérir ; à soixante ans, il voyageoit, il interrogeoit, il examinoit encore. Il n'est pas de personnage considérable de son temps qu'il n'ait eu le bonheur et le talent de faire poser devant lui, et c'est ainsi que chaque jour, ou du moins chaque année, lui apportoit une moisson, qu'il disposoit ensuite et coordonnoit sans parti pris à l'avance, sans passion personnelle, sans autre souci que celui de tenir note de tous les faits dignes de mémoire.

Considérons combien la mémoire la plus sûre est encore chez nous défaillante, incertaine et trompeuse. A la distance de dix années, toutes les dates se brouillent et se confondent dans notre pauvre cerveau. Nous avons peine à nous représenter en quel mois, en quelle année nous avons dit, nous avons fait ce qu'il nous importeroit le plus de bien savoir : il nous faut une sorte de recueillement pour nous ramentevoir le jour de la mort de nos meilleurs amis, de la naissance de nos propres enfants. Comment donc ceux qui ne peuvent écrire l'histoire que par ouï-dire et sur l'autorité de souvenirs personnels ou communiqués ne seroient-ils pas constamment exposés à prendre le change sur le mois et même sur l'année des événements de l'histoire générale ? Et comment les noms de lieux et de personnes, ordinairement écrits d'une façon et prononcés de l'autre, seroient-ils toujours exactement reproduits dans les œuvres de ce genre ?

Mais, la part une fois largement faite à toutes ces méprises inséparables de la situation de l'écrivain, il faut avouer que Jean Froissart est un des historiens qui se sont le plus préoccupés du devoir de dire et de répandre la vérité, le mieux placé pour l'avoir bien connue. Sa profession n'avoit rien d'incertain ni d'équivoque aux yeux de personne. Il étoit historien suivant les cours, les camps, les cérémonies. Chacun le reconnoissoit pour tel et se faisoit un plaisir, un devoir de le mettre au courant de ce qu'il savoit, et de répondre à ses avides interrogations. Toute la vie de Froissart se résume en quatre mots : *voyager*, *regarder*, *enquerre* et *coucher par ecrit*. On seroit bien en droit de l'accuser de prévention et de partialité s'il s'étoit attaché aux mêmes lieux, s'il avoit reçu les confidences d'un seul parti, s'il n'avoit entendu qu'une seule cloche; il en fut tout autrement. Froissart vécut dans la familiarité des souverains et des grands capitaines de France et d'Angleterre; c'est en passant des hôtels de la reine d'Angleterre, des rois Jean et Charles de France, à ceux de Jean de Bohême, des Douglas d'Écosse, de Gaston Phœbus de Béarn, de Wenceslas de Brabant, de Guy de Blois, de Robert de Namur, qu'il écrivit, qu'il composa le texte dont l'imprimerie a reproduit l'ensemble. Le véritable défaut qu'on seroit en droit de reprocher à cet excellent homme, c'est d'avoir trop vu tout en beau, c'est de n'avoir pas de revers à sa médaille. Mais Froissart, chose merveilleuse ! n'avoit eu, pour ainsi dire, dans toute sa vie à se plaindre de personne; comment auroit-il dit beaucoup de mal de quelqu'un? Il prit donc pour règle de conduite les vers suivants de son poëte favori, le roi Adenès :

> De cele volonté jà ne me partirai,
> Se Dieu plest et ses sains, tant com je viverai;
> Ce est que des preudons volentiers parlerai,
> Se d'eus sai aucun bien, je le recorderai;
> Se de nului sai mal, trestout coi m'en tairai.
> Ainsi le doit-on faire et ainsi le ferai.

Il ne faut donc pas demander à Froissart d'être l'arbitre ou le censeur des querelles dont il raconte les effets; il ne décidera pas entre tant de champions qui se disputent l'Espagne, la Bretagne, la France, l'Écosse et l'Italie. A ceux qui savent bien de quel côté le meilleur droit, à le dire; mais à lui n'appartient de s'élever aussi haut. *De moi*, dit-il quelque part, *je ne pense à donner l'honneur à l'un plus que l'autre. Je ne me connois en si grans affaires, comme je me connois en fait et en maniemens d'armes.* Tout ce qu'il souhaite, c'est qu'aucune action mémorable et généreuse ne soit passée sous silence, et que l'honneur et la louange en soient donnés à qui les a mérités; *car*, nous a-t-il dit, *fais d'armes si chierement achetés doivent etre departis à ceux qui par prouesse y travaillent.* Grandes et belles paroles qu'il ne perdit jamais de vue et qui n'ont cessé d'être la règle et la [illegible] de tous ses récits.

PARIS. — IMPRIMERIE DE CH. LAHURE ET Cie
Rues de Fleurus, 9, et de l'Ouest, 21

www.ingramcontent.com/pod-product-compliance
Ingram Content Group UK Ltd.
Pitfield, Milton Keynes, MK11 3LW, UK
UKHW012126240726
13965UKWH00005B/1989

9 782012 784925